물의 꿈

윤영숙

 시인의 말

하늘이 말갛게 세수하고
뒤척이는 풍경들을 깨운다.

먼길 돌아온 바람 한 자락이
계절의 안부를 묻는다.

뒤돌아보면
내 안의 덜 자란 아이가
물결로 흐르다가
투명한 씨앗을 건넨다.

2024년 11월
윤영숙

차례

제1부 오래 접어두었던 소식이 왔다

눈빛들	11
물방울	12
봄비	13
기쁜 소식	14
개망초꽃	15
참나무숲	16
시 쓰는 아내	17
금강여울 트레킹	18
꽃 진 자리	19
화안시	20
사랑	21
비단강가에서	22
바람의 빛	24
돌연변이 계절	25
원형탈모	26

제2부 작은 돌 사이로 흐르는

물의 꿈	29
숨 쉬는 돌	30
장항 송림에서	32
계절산책	33
선생님 말씀	34
옷걸이 통증	35
꿈속	36
수증기	37
물의 환상 즉흥곡	38
하늘빛을 담으며	39
아뿔싸	42
분재 정원에서	43
백일 즈음에	44
당신	46
색소폰	47

제3부 동그란 희망을 먹고 있다

꽃 지다	51
부부	52
총알 놀이	54
달을 먹다	55
제비꽃 씨름	56
도리깨질	58
매화	59
아버지의 시계	60
늙은 자전거	61
아,	62
남은 노래	63
오일장	64
봄물	65
오래된 집	66
외손녀	68

제4부 오래된 쉼표

수행자의 사계	71
더듬이	72
산세베리아	73
수학여행	74
계족산성에서	76
아침 풍경	77
불면	78
남선공원	79
갱년기	80
목격자	82
우리다	83
몸살감기	84
도레미송	85
견디다	86
소리 그림	88

작품 해설

수행자의 순정한 여정　　　　　　　93
- 변선우(문학박사, 시인)

제1부 오래 접어 두었던 소식이 왔다

눈빛들

잔치 끝에 먹고 남은 팥고물처럼
벚나무 꽃진 자리 민낯이 붉다

꽃받침 안에서 씨방은 단꿈에 젖는데
사랑을 맺지 못한 꽃은
빈 가슴을 날린다

화사한 화장을 지운
꽃받침의 상기된 얼굴

빈자리 채우는 눈빛에서
속 깊은 마음을 본다

물방울

봄이면 나무는
꼬물대는 새싹의 몸짓을
물방울에 담아 점묘화를 그린다

연둣빛 점으로 옹알이하는 버드나무
작은 미소가 모여 함박웃음 짓는 벚나무
환한 웃음소리가 호수의 파문처럼 퍼져간다

잔잔한 빗방울에 어리는 그리움
호스피스 병동 창밖에서
한 잎 한 잎 떨어져 내리던 목련꽃잎

창백한 얼굴에서 흘러내리던
엄마의 눈물방울

봄비

비안개 속에서 젖은 나무가
몸을 흔들며 제 안의 빛을 깨운다

숨은 듯 핀 꽃과 여린 잎이 속삭이며
제빛을 꺼내놓고 어울려 색칠한다

하늘구름이 산구름을 끌어당기며
엷게 드리운 물빛 커튼을 말아 올린다

봄비가
생명을 품고 간 자리마다
제 안의 생기가 부풀어 두근거린다

터져 나오는 새순의
기지개 소리가 선명해진다

기쁜 소식

풀잎 사이로 점점이 푸른 별을 본다
연푸른 꽃잎의 모세혈관이 보석처럼 빛난다

기다리던 벌이 다녀가면
봄까치꽃이 고개를 숙이고 가만히 빗장을 건다

실한 열매를 맺고 싶은
단아한 마음

봄날, 밭둑가에서
오래 접어두었던 소식이 왔다

개망초꽃

풀밭에 개망초꽃 별처럼 떠 있다
가까이 있을 때는 미소 짓게 하고
멀리 있을 때는 손짓해 부른다

늙은 묵정밭에 무리 지은 개망초꽃
향기 따라 날아온 벌과 나비 잔치 벌이고
안개처럼 피어서 마음에 쉼표를 안긴다

바람 좋은 날에 꽃씨는 길 떠나고
갈색으로 스러지는 줄기 사이로
우뚝 솟는 망초가 새 숲을 일으킨다

앉은 자리가 꽃자리인 양 뿌리 내리고
화해와 조화로 물들이는 개망초꽃
마음이 밝으니 얼굴도 햇살처럼 환하다

참나무숲

진달래가 봄을 알려도
회색빛 옷을 고집하더니
산벚꽃 환한 웃음소리에
참나무가 눈을 비빈다

가지마다 뻗어가는 연둣빛 손짓
바람에 춤추는 수꽃과 숨은 암꽃

그 속에서 둥지를 트는 새소리 정답다

상수리나무 손짓에 모여드는
사슴벌레, 장수풍뎅이, 다람쥐, 청설모
모여 앉아 사슴벌레 싸움 구경하던
추억 속 어린아이들 그립다

동물과 식물이 어우러져 상생하는
온화한 바람이 숲을 감쌀 때
문득, 나무와 나무 사이를 비집고
푸른 여름이 고개를 내민다

시 쓰는 아내

난 시 쓰는 여자가 싫어
당신이 잘하는 걸 즐기면 좋겠어
좋아하는 노래를 부르면 당신도 즐겁잖아
좋은 시는 찾아서 읽기만 해도 좋은데
다가오지도 않는 시를 찾느라
밤새 잠도 못 자잖아
시 쓰는 건
당신이 잘하는 게 아닌 거 같아

시 쓰기는 잘하지는 못해도
내가 하고 싶은 건데,
극구 만류하는 남편이 측은해서
나는
그냥 웃고 만다

금강여울 트레킹

금강 줄기를 따라 걷는다
물길 따라 자갈길 따라 번지는
물소리와 풀벌레 소리가 화음이 된다

대문바위 앞 물가의 돌밭
둥글어진 호박돌
단아한 돌탑은 그리움에 물든다

징검다리 사이로 빠른 물살 지나고
여울의 작은 돌다리가 물속에서 숨바꼭질한다
허벅지까지 차오르는
차가운 물살이 다리를 휘감는다

강강술래 하듯 줄지어 손잡고
곁눈질하는 게걸음으로 여울을 건넌다

자연과 함께 호흡하는 시간
도란거리며 따라오던 물결 소리도 잠든다

손잡고 건너는 여울 트레킹
금강물의 숨결이 온몸으로 흐른다

꽃 진 자리

온 여름이 지나는 강가로
생기 돋는 풀빛 마음이 스미고
초록을 품어 안은 금강 물
문득, 코에 스미는 맑은 향기
코끝에 스미는 싱싱한 향기가
숨결마다 산뜻한 길을 튼다
향기가 내준 길 따라 숨 한번 훅 들이쉬니
꽃잎 속에서 싱그런 생기 밀려온다
그때 귓등을 스치는 작은 날갯소리
화들짝 놀라 고개를 젖히며
해당화에 취한 눈 번쩍 떠진다
궁둥이를 씰룩대며 꽃에서 나오는 벌
제집인 양 해당화 꽃마다 들락거린다
해당화 꽃향기가 부른 손님은 나비
눈치 없는 불청객 얄미워도
무심한 듯 날아가 버린다
꽃 진 자리 동그란 열매 우아한데
이 열매 또한 벌들이 만들어 준 사랑인 것을

화안시 和顔施*

복수초가 세수하고 웃음을 터트려요
영춘화는 줄 서서 나팔을 불어요
해맑은 매화 낯빛에
겨울이 물러서요

일제히 피워낸 봄꽃의 화안시에
얼었던 마음이 샘물처럼 풀려요
꽃잎에 맺힌 이슬도
마주 보고 웃어요

---

* 얼굴에 밝은 미소를 띠고 남에게 부드럽고 정답게 대하라는 뜻으로 불경인 잡보장경(雜寶藏經)에 나오는 무제칠시(無財七施) 중 하나.

사랑

맴맴맴맴

새벽부터 늦은 밤까지
허공을 들썩이는
그네들의 사랑 축제

뜨거운 햇살 속에서
벙어리 매미에게 보내는
힘찬 직선과 포물선의 선율

뚝
순간의 고요
생명의 숨 고르고
일제히 일어서는 불타는 몸부림

땅속에서 칠 년
나무 수액만 먹고 수행하던
그들이 들려주는
열흘간의 뜨거운 사랑

맴맴맴맴

비단강가에서

온 누리에 생명의 빛 온화한 유월
풀꽃 같은 사람들
비단강 옆에 끼고
시간을 비운 가벼운 마음 물 흐르듯 흐른다
풀빛 속 빛나는 꽃잎처럼 화사하다

길가에 큰금계국 밝게 웃고
낮달맞이꽃 맑고 곱게 노래한다
벚나무, 오디나무 열매
한 뿌리 한 갈래인 듯
한 빛깔로 익는다

조용히 흐르는 강물 위
재두루미 한 마리 한가한 나래짓으로 바람 가른다
산의 나무들, 바람을 안고 군무를 추고
여름을 품은 햇살들
강물에 녹음 풀어헤친다

푸른 산이 누워 있는 강
생각에 잠겨있는 사람

여울을 등진 채 홀로 플라이 낚시를 즐긴다
햇살에 반짝이는 숱한 생각들
올곧은 마음 하나 낚으러 긴 낚싯줄 던진다

바람의 빛

단풍나무 잎사귀 햇살에 눈 부시고
바람에 물들어 가는 빛이 곱다

할아버지 할머니는 한가하게 물러앉아
가을 여행 채비하는 아들 며느리 바라보고
낮은 곳에 아이들 햇볕을 노래한다

먼저 물든 붉은빛 서두르라 손짓하고
나중 물든 연둣빛 천진스레 뜀박질한다
시간을 보듬고 어우러지는 산빛이 곱다

빨강 주황 노랑이 노을빛을 담아내고
초록 연두 노랑이 주황으로 익어간다
노래하는 바람의 빛이 나를 부른다

돌연변이 계절

겨울이 한창인데 자두꽃이 피더니
이튿날 꽃송이에 고드름이 달린다
수정된 자두 씨방은 얼어서 어이할까

기온이 들쭉날쭉 동물이 헷갈린다
설잠 깬 도롱뇽이 짝 찾아 알 품는데
올챙이 눈발 속에서 추워서 어찌 살까

푸른 별 훼손하고 방만한 소비생활
가이아 몸살감기 재채기 눈물 콧물
열받은 지구온난화 우리의 그림자

원형탈모

서천 희리산은 내가 시집오던 해엔
한겨울에도 암초록으로 깨어 있었다

언제부터인가
봄이면 연둣빛이 산기슭에서 고개를 들었다
여름내 싱그러운 빛이 골짜기를 기어오르더니
가을에는 잠잠함 속에 밝은 미소가 굴러다녔다

지난 삼십여 년을 소나무가 듬직했던 산
근래에 제 품속 나무가 말라 죽어도 침묵하더니
올겨울엔 신음이 뿌연 먼지처럼 늘어갔다

우리의 그림자가 만든 원형탈모
맨살이 드러난 상처를 보니
내 머리에도 찬 바람이 스민다

제2부 작은 돌 사이로 흐르는

물의 꿈

뜬봉샘에서 태어나 옹알대던 물줄기가
몸을 키워 대청댐에 누웠다

그들이 잠 깨어 떠나는 날
거침없는 물살이 비수처럼 내리꽂혔다

묵은때를 벗겨내려는 듯
물의 근육이 바닥을 치며 올라오자
갇혀 있던 감정이 울부짖으며
누런 아우성으로 들끓었다

파도치던 물살이 떠밀려간 후
소용돌이 벗어난 해맑은 얼굴

시간의 눈동자에 바다가 보인다

숨 쉬는 돌

바다와 호흡하는 몽돌해변
파도를 바라보는 몸이 진동한다

바다가 들이키는 들숨을 따라
몽돌이 몸을 실어 구른다
다시 밀어내는 날숨을
모오리돌은 품어 안고 눕는다

힘겹게 구르는 시간에
몸은 부딪히며 지쳐가고
마음은 안으로 숨어든다

화석이 된 시간이
파도처럼 나를 밀어 올리고
끌다가 뒷걸음질 치기도 한다

차그르르르 짜그락
시계추 같은 바다 숨결에
몽돌이 갇혀있다

아직도

나를 흔드는
바다 숨소리가 들려온다

장항 송림에서

솔가지 사이로 봄 햇살이 비치면
주름진 발치에서 맥문동이 자란다
바람에 넘실거리는 에메랄드빛 물결

연보라 꽃 무리가 꽃대마다 피어나
소나무 무릎까지 적셔주며 흐른다
안개가 피어오르듯 들뜨는 내 마음

혹한을 이겨낸 선비의 지조처럼
눈 오는 겨울에도 살아있는 동장군
푸른빛 사계절 품어 기상을 이어간다

계절산책

이른 저녁 나들이
방금 지나간 소나기 바람에
숨길이 청량하다

연밭에서 연가를 부르던 개구리
잠시 침묵한 채 탐색한다
간밤에 함께 걸었던 상현달은
두꺼운 이불 속에서 잠이 들었다

밝은 달빛을 그리워하며
발걸음 소리에 날개를 달고
콧노래를 흥얼거렸더니
달님이 얼굴 내밀고 환하게 웃는다

개구리 노래가 춤추는 논물에
밝은 달도 내려와 함께 일렁인다

선생님 말씀

가난은 내 얼굴을 빨갛게 물들였다
수업료 안 냈어도 자리에 앉아 있어
도저히 보충수업에 참여할 수 없었다

여행비 못 낸 내게 수학여행 가자며
서러움 달래 주신 단비 같던 그 말씀
가난은 불편할 뿐이지 이겨내면 괜찮아

선생님 말씀 벽에 내 마음을 기대니
구멍 난 운동화를 신어도 괜찮았고
누군가 업신여겨도 참아낼 수 있었다

옷걸이 통증

나는 세모 철사다
몸은 비록 뼈만 있어도
사람 몸을 감싸는 겉모습이
내 어깨와 목에 기대어 쉰다

세탁소에 살면서
내가 하는 일은 어깨를 빌려주는 일
삶의 피로를 씻느라 지친 의복도
내 어깨에 기대면 말끔한 모습이 된다

나는 가늘고 유연해도 힘이 세다
앙상한 나를 만만하게 본
큰 아기가 장난감 삼아 놀다가
봉변을 당하기도 한다
아기엄마는 나를 옷장 안에 가둔다

옷장에서 오랫동안 내게 기대어 있던
티셔츠 어깨에 뿔이 났다
그가 고정된 자세로 내게 말한다
옷걸이 통증이
얼어버린 빨래처럼 날카롭다고

꿈속

나는 봄볕을 등지고 나물을 뜯는다
등에서 동생이 자꾸 보챈다
어느새 달빛에 어둠이 스며있다
주위를 둘러보니 친구들이 없다
산모퉁이에서 불빛이 움직인다
이마에 불이 붙은 도깨비다
잡히면 죽는다
얼른 도망가야 한다
한 손으로 동생을 추스르고
한 손으로는 소쿠리를 들고 달린다
등에 업힌 동생이 자꾸만 칭얼댄다

이것은 꿈이다
네 명의 동생을 업어 키우던 어린 소녀는
어둠 속에서 발이 떼어지지 않아 애를 태웠다

수증기

온천탕에 몸을 담근다
햇살에 산란하는 수증기의 몸짓
춤추는 발레리나처럼 가볍다

힘 있게 피어오르다가
돌연 멈추면서 함께 어우러진다

얽매이지 않고
공기의 흐름에 몸을 맡긴 채
춤을 추는 수증기

가볍게 날고 싶다
피로가 증발하여 천정에 오른다
물방울이 떨어져 물 표면을 뚫는다
소란스러운 물빛, 공기 방울이 품어 오르면
물 낯빛이 편안해진다

물에 몸을 담그면
떠오르는 작은 물방울들
일상이 기화되고 있다

물의 환상 즉흥곡

돌덩이 사이로 흘러가는 물소리
바람이 세수하는 소리

작은 돌 사이로 흐르는
아이 웃음소리가 들린다
큰 돌 위를 미끄러지는 몸짓에서
스키를 타는 젊은이가 보인다

폭포수는
망설임 없이 부서져 허공을 날고
하늘과 땅을 잇는 고함은
단단한 생각의 껍질을 벗겨낸다

돌다리 앞에서 물은
숨 고르면서 대열을 가다듬고
풀벌레 방울 소리 물길 따라 구른다

일렁이는 물비늘 사이로
환한 돌멩이도 연주를 듣는다
내 마음도 물소리에 맑게 씻긴다

하늘빛을 담으며

애들아,
쪽빛 바다, 쪽빛 하늘 들어봤니?
"아니요, 쪽빛이 뭐예요?"
쪽빛은 짙은 푸른빛을 말해
쪽풀에서 나온 푸른 빛깔이지
"쪽풀에서 나와서 쪽빛이구나!"
"쪽풀은 쪽파랑 닮았나요?"
색깔은 비슷한데 모양은 달라

"초록빛 풀인데 어떻게
푸른빛이 나와요?"
물장이의 섬세한 솜씨 덕이지!
초록빛에 숨어있는 푸른빛을 살려냈단다

"물장이는 물을 파는 물장수인가요?"
아니, 옷감에 색깔을 담는 장인이셔

"꽃거품은 꽃처럼 피어나나요?"
아마 그럴 거야
꽃거품이 피어나야 색이 옷감에 담기니까

"꽃이 피면 열매가 맺듯이요?"
그렇지 옷감에 표정을 입히는 거지

우리도 손수건 물들이기 해볼까
홀치기염색으로 하늘빛을 담는 거야
고무밴드로 친친 감은 자리에는
염료가 스미지 못하니까
하얀 구름무늬가 남겠지

"나는 하얀 구름이 좋으니까
마구마구 신나게 감아야지"
"손수건이 딱딱한 방망이가 되었네!"
"난 푸른 하늘빛이 좋으니까
고무밴드는 조금만 감을 거야"

물에 염료를 타니, 푸른 용이 꿈틀꿈틀
"우와~ 신기하다!"

푸른 염료에 하얀 손수건 담그자
푸른 염료에 한 번 담그니

맑은 하늘에 구름이 담기네!
두 번 세 번 담가 쪽빛 하늘 담을까

손수건 물들이기는
우리 마음에 따라
하늘빛이 달라진단다

아뿔싸

천체투영관에서 시낭송을 한다
다음이 내 차례
시의 이마가 사라졌다
가슴에서 뜀박질하는 불안
긴 호흡을 단전까지 내려본다

가까스로 떠오른 제목을 낭송한다
안개는 걷힌 걸까
끝났는데 뭔가 이상하다
아뿔싸

'고요한 저녁'이 '조용한 저녁'이 되었다
무대공포증에서 벗어나지 못하는 나
불안을 잠재우는 날
언제이려나

분재 정원에서

논두렁밭두렁가든에 마음이 모인다
대문 앞에 돌하르방이 편안하다
천태산을 지키며 천년을 사는 은행나무처럼
긴 세월 품고 살아온 돌덩이도 고상하다

정성 담아 쌓은 돌탑과 항아리 사이
정원의 가을 나무는 꽃처럼 화사하다
오카리나 새소리가 나무에서 춤추다가
날개옷 걸치고 하늘로 날아오른다

소사나무 분재가 요가를 한다
삶의 기다림 속에서 멋을 지닌 분재처럼
깊은 호흡으로 담아내는 시낭송에
마음은 시의 바람을 탄다

백일 즈음에

맑은 기운이 가득한 가을
단풍잎 따라 다가온 우리 아기

작은 몸에 들락거리는 숨길 따라
생명의 노래가 잠으로 번져갈 때
복숭아처럼 둥근 양 볼, 긴 속눈썹
오묘한 입술에서 흘러나오는 옹알이는
머잖아 시냇물처럼 재잘거릴 거라네

모빌을 따라가는 눈
감정도 덩달아 흔들리는지
온몸을 열어 담으려는 듯 팔다리에 뻗치는 힘

두 팔을 들고 생글거리는 건 안아달라는 말
온몸이 벌겋게 우는 건 배가 고프다는 말

백일 즈음,
지아는 왼쪽 팔다리를 들어 엎어지기를 시도했네
눌린 오른팔을 빼려고 애쓰다 지쳐
되돌아 누워 잠들고 말았네

아름다운 나비가 되기 위해
필사적으로 노력하는 애벌레처럼
마음에 피어나는 의지가 대견해
눈물을 흘렸다네

당신

달 밝은 가을밤에 당신은 대뜸
첫 키스로 내 마음을 사로잡으며
아이스크림 먹은 걸로 하자 했지요

비 오는 날을 좋아하는 당신은
우산 하나로 내 어깨를 감싸며 걸었고
그런 날 밤이면 우리는 촛불을 켰지요

계절학기 수업을 받을 때면
당신은 차 안에서 젖먹이를 돌보며
쉬는 시간에 우린 기쁘게 만났지요

세 아이가 태어날 때마다
당신은 펄떡이는 가물치를 사다가
잔대, 대추, 생강과 달여 날 먹였지요

당신은 늘 말없이 행동으로
가사와 수업을 병행하는 나를
힘들지 않도록 다독였지요

색소폰

퇴직하면 사랑 한번 해보고 싶다던 남편
내가 그녀를 안겨준 것은 두 해 전이다

그녀의 아름다운 몸매는 금(金)족 인데
튀어나온 작은 입은 목(木)족 이다
그녀의 몸매와 목소리가 맘에 든다는 남편,
얼굴에 화색이 돈다

남편은 날마다 그녀를 안고
입을 맞춰 하나 되는 기쁨을 누린다
정열적인 사랑을 불태우다가
입술이 부르트면 잠시 쉼표를 찍는다

사랑놀이가 끝날 때마다
깨끗한 수건을 깔고 그녀를 눕힌다
몸 안에 불어넣은 뜨거운 액체가
몸뚱이를 갉을까 봐 정성 들여 닦는다

그녀를 만지는 부드러운 손길,
나를 사랑하던 그 손길이다

제3부 동그란 희망을 먹고 있다

꽃 지다

산벚꽃 구름이 뜨면
꽃구름 아래서 선한 생명이 손을 잡고
아바타족처럼 신경망이 연결되어
생기를 주는 마을을 그려본다

꽃잎은 허공의 계단을 구르다가
바람의 등을 타고 바닥으로 떨어진다
바람을 잡고 뜀뛰던 꽃잎이
창백한 몸을 자꾸만 뒤척인다

엄마는 아버지 몸속 검은 돌을 꺼냈지만
당신 몸에 자란 돌덩이가 무거워
날개를 펼 수 없었다

죽는 것은 두렵지 않다는 듯
몸을 벗고 훌쩍 날아올랐다

떨어진 꽃잎에서
남은 생이 팔딱거렸다

부부

퀸제노비아 여객선이 뱃고동을 울린다
이마에 구름띠를 두른 한라산
흐린 눈빛으로 바다를 내다본다

항구를 빠져나가는 배
중심을 잡으며 바닷물의 맥을 짚는다

지구라는 심장이
맥박 소리로 낮게 울리고
엄마 뱃속에서 듣던 진동이
몸을 아늑하게 한다

다르게 흐르던 두 지류가 만나
따로 또 같이 하나의 강을 따라
바다로 흐른 지 서른다섯 해

오월 푸른 바람 속에서
신혼은 그리운 그림으로 남고
시든 욕망을 품어주던 담백한 여정

기우는 해 따라
두 얼굴에 비친 연민이
바다를 가만히 바라본다

총알 놀이

버찌 맛은 삼키고
씨앗만 남은 입속
검붉은 오빠 입이 씰룩거리다가
한꺼번에 씨앗 폭탄을 터트린다
푸우웃! 풋

나도 따라 따발총을 쏘아댄다
   투웃   투   투둣
 투 투   투 투둣
   투우 툿 투

말이 없던 아빠 입도
검은 열매를 우물거리다가
과즙 묻은 입꼬리가 올라간다

입속에서 발린 씨앗
총알을 굴리면서
기관총 탄알을
장전한다

달을 먹다

아홉 살 여자아이가
날 선 달챙이 수저로 감자를 벗긴다
수저의 서슬이 감자껍질을 무너뜨릴 때
가쁜 비명은 하얀 피로 튄다

씨눈이 뭉개진 감자 속살이 창백하다
냄비 속 열탕 안 감자가
온화한 달빛으로 익는다

논에서 일하는 농부의 새참
감자, 열무김치, 막걸리를 볏논에 던지며
고수레! 외치고
달덩이 감자 한입에 베어 문다
달빛 그윽한 속살이 입안에 가득하고
막걸리는 지친 몸에 새 힘을 준다

가난한 아버지가
한가위 보름달을 그리며
동그란 희망을 먹고 있다

제비꽃 씨름

또뱅이를 머리에 얹고
산나물 광주리를 인 엄마가 새벽 틈으로 사라진다
따라가겠다고 울어대던 삐약이는
아버지의 단마디에 울음 꼬리를 자른다

햇볕이 마당에 누우면
엄마 마중 가자는 삐약이랑
순한 아기를 업고 사립문을 나선다

마을 어귀 너럭바위에 앉아 있으면
언덕에 물오른 삘기가 보인다
배부른 삘기의 껍질을 가르면
연하고 하얀 꽃망울을 품고 있다
부드럽고 싱그러운 속살을 빼먹으면
동생도 새순의 맛을 뽑기 시작한다
달짝지근한 삘기뽑기 놀이에
기다림은 잊은 지 오래

냇물을 따라가는 하얀 길을 본다
아득한 길에 아련한 점 하나

점점 굴러 사람이 된다

우리 엄마일까 아닐까
제비꽃 씨름하며 내기를 한다

도리깨질

통통한 콩대를 마당에 늘어놓고
엄마와 내가 타작을 시작한다
아버지가 만든 도리깨를 들어
발맞춰 두들기면 꼬투리가 터진다
콩들이 화들짝 놀라 내게 달려든다

엄마와 교대로 흥얼대는 도리깨질
얼씨구 절씨구 알맹이가 실하구나
박자 맞춰 휘두를 때마다
고들개 소리도 추임새를 넣는다
야무진 휘추리 소리가 땀방울을 식혀준다

매화

대쪽 같던 아버지의 암까지 밀어냈는데
당신 몸에 돌덩이 커가는 줄 모르셨네

고통이 돌처럼 엉겨 붙은 몸뚱어리
아픔을 습관처럼 인내하던 엄마

호스피스에서 싯누렇게 웃으시며
까짓것 죽는 건 안 무섭다던

혼자 남을 아버지가 걱정이라며
느닷없이 집에 가겠다고 나서시던

걱정 고통 다 내려놓고 선산에 가시던 날,
맑은 마음 꽃문 열어 미소 지으시던

해마다 무덤가에 피어
회한의 눈물 닦아주시네

아버지의 시계

시계의 태엽 나사에 녹이 슬더니
시침과 분침이 제각기 돈다

날이 저물어도 밤은 오지 않고
한밤에는 해가 떠 있다

어여 일어나 밥하거라
방이 춥다, 장작 좀 더 넣어라

젊은 시절 마음 밭에서
돌아가신 엄마를 자꾸 찾는다

소나기처럼 나타난 치매증세,
가슴이 흠뻑 젖은 아빠가
어린아이처럼 순하게 웃는다

세월의 파도에 마모된
아흔 살 아버지의 시계가 거꾸로 간다

늙은 자전거

아버지의 자전거가 늙어가고 있다
시간의 먼지를 하얗게 뒤집어쓴 채
빛나던 철재 피부에는 검버섯이 늘어간다
친구를 기다리다 지친 표정이다

자전거는 아버지의 오랜 친구였다
새벽마다 논밭 길을 휘돌아오셨고
대쪽 같은 성품으로
이장, 통장, 노인회장을 할 때도
언제나 당신을 당당하게 하던 자전거

막걸리 한잔하고 기분이 좋아
구름 타고 흐르듯 냇가를 달리다가
미끄러져 흠씬 젖어오던 날
이마에 아픈 훈장을 달기도 했다

삼 년 전 엄마가 급히 떠나신 후
자전거는 구순을 바라보는 아버지처럼
덧없이 늙어가고 있다

아,

세 살 때 할머니가 돌아가셨지만 기죽지 않은 아버지
군대에서 의무병으로 근무한 자부심이 대단하다

청천벽력 같은 호령으로 육 남매를 깨우신 아버지
대쪽 같은 성품으로 이장, 통장, 노인회장까지 해냈다

배우기만 했으면 여기 있을 양반이 아니라던
초등학교 선생님 말씀이 가슴에 남아 있다

짧은 배움으로 이만하면 성공하셨네요
자식들을 못 가르쳐서 병신을 만들었는데
성공은 무슨 성공

환갑에 숨어든 위암도 떨쳐낸 아버지는
그까짓 코로나19는 무섭지도 않다며
빌어먹을 바이러스가 제발 당신께 오면 좋겠단다

핸드폰을 잃어버리고도 태평하신 아버지
걱정 말어, 핸드폰은 지가 알아서 돌아올 겨!

남은 노래

아버지는 엄마랑 권주가와 답가로
주거니 받거니 어깨춤을 추며 흥에 겨웠다

수리수리 마수리 수수리 사바하
술 한잔 들을라치면 만수무강 자손창성, 부귀영화를 누리리라

얼씨구 좋다, 만수산 같은 내 아들아
동방의 화초는 내 며느리, 일월 같은 내 딸이야

먼저 떠난 엄마를 그리워하며
이빨 빠진 가사가 입안에서 주춤거린다

수리수리 마수리,
술은 수울술 잘 넘어가는디 찬물에 냉수는 입안에 돈다
으.음, 부귀영화를 하오리라

혼자 남아 부르는 노래
가사의 이빨이 자꾸 빠져나간다

오일장

어릴 적 추억 안고 유성장에 구경 간다
곁가지로 뻗어나간 골목마다 열린 시장
음악과 흥정 소리에 북적대는 사람들

땡볕에 탄 얼굴 가득 주름진 할머니가
호박 몇 개 깻잎 더미 펼쳐놓고 팔고 있다
새벽에 장 보러 가시던 엄마가 보고 싶다

양동이 속 싱싱하게 톡톡 뛰는 민물새우
아버지 목소리가 내 귀에 울려온다
새우탕 애호박 넣고 얼큰하게 끓여라

봄물

물을 길어 올린
봄은 점묘화를 그린다

버드나무 가지의 연둣빛 점들
개나리에 매달리는 아이 웃음소리
벚나무에 벙그는 미소
아른거리는 아지랑이에
어리는 엄마 얼굴

앙상한 몸으로 누워있는 아버지가
흐린 눈빛으로 엄마를 찾는다

유리창 너머에는
봄물이 점점 퍼지고 있는데
겨울 밭에 누워계시는 아버지

오래된 집

불의를 보면 참지 못하던 당신
동네를 들썩이게 하는 버럭쟁이셨습니다

육 남매의 호랑이였던 아버지
지금은 순하게 우리에게 기댑니다
등 좀 문대거라, 긁어라, 두드려라
낡은 몸 비늘이 하염없이 떨어집니다

살면서 가장 행복했던 순간은
엄마를 만났을 때라며 웃습니다
막걸리 한잔에 권주가와 답가로 흥겨웠던
추억들도 다 부질없다 하십니다

깡으로 버티지도 못하고
자꾸만 앞으로 기울어지는 몸
기둥에서 앓는 소리가 들립니다

밤새 장승처럼 앉았다가 누워봐도 불편한
당신 마음 하나 품지 못하는 낡은 몸집은
이제 갈피를 잡지 못하고 무너질 듯합니다

당신의 오래된 집에서
올곧은 정신만 세워 잡고 계시는 아버지
내 마음에도 당신이 뿌리내리고 있습니다

외손녀

팔 년의 연애, 가시버시 사랑 삼 년 만에
하나뿐인 '뿌니'가 태어났네

우주의 에너지로 숨을 쉬고
젖병의 양을 조절해 빨아 넘김이 조화롭네

따뜻한 목욕물에 들어가면
씻겨주는 엄마를 미쁘게 바라보고
양수의 기억을 되새기듯 편안한 표정으로
고사리손과 발가락을 꼼지락거리네

일시에 벌어지는 입과 실눈
내 몸을 전율케 하네

잠든 아기 모습은 순수의 모든 것
우주의 깨끗한 파동에 젖어 드네

제4부 오래된 쉼표

수행자의 사계

우듬지에서
바람의 눈빛을 응시한다

먼저 물길을 느낀 뿌리가
모세혈관까지 혈맥을 끌어올린다

태양 빛 가득한
잎마다 푸른 사랑이 자란다

쓸쓸한 바람에도
노을을 담아내는 표정은 부드럽다

찬바람을 맨몸으로 받아들이고
혹독한 추위를 견디며 수행한다

중력을 거스르는 메타세쿼이아
오래된 유전자에 흐르는
생의 질서가 꿋꿋하다

더듬이

시 읽는 숲길에서
불어오는 바람의 결을 그려본다
느낌표 따라 걷는 발걸음 속에서
시상이 잠자던 시혼을 일깨운다

시를 쓴다는 것은
몸이 어떤 존재에 이끌리는 것
그 끌림 속에 흐르는 감정 자락을
가만히 떠서 담아내는 것

엄마 닮은 봄볕에
여린 순이 붉은 껍질을 벗는 순간
마음눈에 벅찬 감동이 일렁인다

강가에 주저앉아
오래된 슬픔 하나 꺼내
흐릿한 기억을 건져 올리면
입안에서 서걱거리는 언어의 조각들

안테나를 세워
시어를 찾아 더듬거린다

산세베리아

우리 집에 산세베리아가 산다
남편은 십 년 넘도록 소리 없이 물을 주고
보이지 않는 사랑을 준다

겨울에는 거실로 들여
햇살이 비치는 창가에 두고
날마다 눈을 맞춘다

산세베리아는 해마다 뽀얀 새싹을 올려
커다란 항아리에 좋은 일이 그득하다

울안이 비좁아지면 분가시키고
시든 잎을 잘라주는 손길에
꽃피워 화답한다

햇살 좋은 날
올망졸망한 꽃대를 올리고
여름밤 내 달달한 꽃꿀 향기로
취하게 한다
온 가족의 몸과 마음에
행복한 기운을 채워준다

수학여행

중학교 수학여행비를 내지 못했다
선생님은 그냥 오라고 했다
나는 자존심은 지키고 싶었다

수학여행 가는 날
가슴이 저렸고
친구들 생각이 자꾸 떠올랐다

웃는 가면을 쓰고
엄마를 따라 딸기밭에 갔다

밭이랑에 뚝뚝 떨어지던 축축함
속마음을 들킬까 봐 서둘러 멀어졌다

호미에 마음을 동여매고는
서러움의 줄기를 자르고 뽑아냈다

수많은 딸기의 번식 줄기가
이랑을 넘어 고랑까지 뻗어가는 걸 보았다

줄기 끝의 모종 밑동에서
젖니 같은 뿌리가 웃고 있었다

계족산성에서

산 아래
잠든 호수가 뒤척인다
눈물주머니를 여미는 구름
안개가 수묵화를 그리고 있다

커다란 돌에서 오래된 전설이 들려온다
저마다 다른 숨결로 살아나는 돌빛
고통의 시간 속에 피어난 돌꽃
생명의 세월을 품고 살아간다

목숨 걸고 싸우다 스러져간 넋일까

시간의 주름 속에서
맥박이 뛴다

아침 풍경

알람 소리가 잠결을 파고든다
남자가 알람을 끄고 일어난다
밤새도록 지지 않던 생각에 궁싯거리다가
새벽에야 스며든 잠이 이불을 끌어당긴다

가스레인지 켜는 소리가 정적을 가르고
달궈진 팬에서 계란프라이가 비명을 지른다
남자 혼자 밥 먹는 소리를 들으며
여자는 허기진 잠에 빠져든다

조용히 문 여는 소리, 옷 입는 소리
잠든 여자의 귀가 다시 열린다
안테나를 세워도 몸은 까라진다

자동차 키를 손에 쥐고 남자가 방을 나간다
현관문을 나서는 남자의 꼬리가 잘리고
풍경소리도 꼬리를 감춘다

불면의 아침
잠의 궤도를 이탈한 몸시계가
본능과 현실 사이에서 갈등한다

불면

잠이 고프다
잠을 맛있게 먹고 싶다
잠의 노래에 취해 잠들고 싶다

한때는 몸을 비집고 들어와
나를 점령해버리는 네가 싫었다
너로 인해 싫어도 해야만 하는 일에 치여서
하고 싶은 일은 점점 멀어져 갔다

책을 읽으려고 눈에 힘을 주면
해일처럼 밀려와 영혼을 덮치던 너

지금은 성가시게 굴던
네가 그립다

남선공원

분처럼 하얗게 내려앉은 서리가
아른거리는 빛이 되어
아침볕에 얼어있다
간밤에 별빛의 속살거림이
내려앉았나 보다

양지쪽에 녹아내리는 서리는
돌아갈 수 없는 기억에 젖어 있고
참나무 아래 낙엽 더미는
바스락거리며 그리움의 눈을 뜨나 보다

도토리가 되지 못한 낙엽이지만
땅에서 밟히고 부서져 썩을지라도
인내의 시간을 견디기 위해
새 생명의 꿈을 말갛게 꾸나 보다

갱년기

어디에 웅크리고 숨죽이던 불씨인가
내 속에 잠자던 마그마가 꿈틀댄다
불쑥, 드러난 열감이 온몸을 들썩인다

맥박 소리 북소리 되어 울리더니
가슴이 뜨겁게 달아오른다
울돌목 핏대 울리며 솟구치고
소리 없는 아우성 머리끝까지 뻗친다

귀에 여름 한낮 뜨거운 소란이 들뜨고
눈에 화기 솟아 안경에 구름 드리운다
등 어깨에 모래사막 태양이 이글거리고
폭발음 손끝 발끝까지 진동하며 뻗친다

북받치는 마그마에 한 우주가 불덩이다
날숨을 토해내며 옷깃을 열어젖히고
들끓는 마음 식히려 눈을 감는다
푸른 바람이 붉은 몸을 달랜다

울분을 터트리듯 분출하는 화산폭발

문득, 노을처럼 사그라드는 용암
가이아가 토해낸 뜨거운 몸부림인가
대지에 축축한 한기가 서린다

목격자

개구리 노는 언덕 아래쪽 개울에서
아홉 살 여자애가 빨래를 비비는데
비명이 잘려서 들린
풀밭 쪽을 살핀다

풀숲이 휘청이다 침묵이 흐르고
개구리 한 마리가 공중에 튀어 간다
입 벌린 한 마리 뱀이
뒤이어서 나른다

아이는 큰 눈으로 벌러덩 넘어지고
가슴이 벌렁거려 손으로 감싸는데
개울이 작은 소리로
다독이며 흐른다

우리다

숨 쉬는 독 안에서
땡감이 수행에 들어간다

탯줄처럼 이어지던 어미와 떨어져
꼭지의 심지마저 이미 뽑혔고
옹기 속에서 따뜻한 물세례를 받는다

심지 뽑힌 구멍으로
스며드는 물을 받아들이면서
떫은 기운을 우려낸다

밤새도록 식지 않는 항아리 품에서
지난여름 태풍의 아픈 기억은 비워내고
남아있던 고집도 풀어낸다

옹기 안에서 새벽까지
순한 숨결로 씻긴 월하감
표정이 부드러운 노을빛이 되었다

몸살감기

목이 타들어 간다
가뭄에 논바닥이 갈라지듯
목구멍마저 메말라 껄끄럽다

굴러 나오고 싶은 동그란 목소리
구르려는 소리를 자꾸만 잡아당기는
가래가 성가시다

입안에 가뭄이 들고
욱신욱신 몸을 울리는 통증이
내 몸을 긁으며 쉼표를 들이댄다

허락도 없이 들어와 진을 친 바이러스
숨길은 답답하고 머리는 안개가 자욱하다
하고 싶은 일도, 먹는 일도 시들하다

내 몸을 처엉처엉 감아오던
감기의 뜨거운 아우성이
오래된 쉼표를 끌어안는다

도레미송

계족산성을 오르는
숨길이 맑고 시원하다
바람결에서 사운드 오브 뮤직이 들려온다

일곱 아이의 가슴을 열어준
탁 트인 언덕

종달새처럼 날개를 달고
무지갯빛으로 피어나는 얼굴
엉덩이를 들썩이며 부르는 도레미송,
마리아의 눈빛에 사랑이 넘친다

그 미소를 닮고 싶고
주변을 밝히며 살고 싶다

노래하는 바람이
내 얼굴을 씻고 간다

견디다

하얀 먼지를 온몸에 뒤집어쓰고
캐리어를 밀면서 누렇게 뜬 창백한 낮달이
고단한 하루를 지워간다

날마다 시간의 너울에 쫓기면서
기숙사, 학교, 공장으로 삼각형 그리며
정해진 시간의 굴레에 꼼짝없이 갇힌다
다리에 발동기를 장착하고 숨차게 굴린다

학교에서는 오감을 활짝 열지만
거대한 쓰나미가 온몸을 덮쳐와
시나브로 병든 닭이 되고 만다
부끄러운 그 시간도 견딘다

푸른 새벽을 찢고 공장으로 가는 길
졸고 있는 가로등 따라 함께 걷던 노랫소리
이 거리를 생각하세요
끝이 없는 길
서글픔을 달래주던 마음속 친구

해마다 겨울이면 동상으로 부어터지던
손발의 기억이 아우성치면서 아려온다
일하면서 공부하던 삼 년 동안에
시골에서 진을 치던 손발 동상이 뿌리째 뽑힌다

삶에 웅크리고 있던 작은 옹이의 시간
결핍만 있는 잃어버린 삼 년만은 아니다
창백한 낮달도 둥근 보름달이 된다는 믿음
흔들리지 않던 신념의 빛이 아직도 반짝거린다

소리 그림

예술의 전당 객석은 오선지처럼 펼쳐져 있고
우리는 음표처럼 움직여 자리를 잡는다
오케스트라 단원의 손놀림이 보인다

그들의 연주는
바람을 따라 일렁이는 풀밭이다가
하늘에서 군무를 추는 철새가 되고
물너울처럼 거대한 파장으로 가슴 뛰게 한다

베토벤의 운명 교향곡 1악장
중학교 음악 시간이 떠오른다
선생님은 운명이 다가와 문을 쾅쾅쾅
두드리는 소리라고 했고
정말로, 운명이 다가와 두드리는 것 같던
내 가슴은 크게 두근거렸다

지휘자는 교향곡 탄생 배경을 알려주고
집주인과 작곡하는 하숙생의 대화를
악기 연주로 말하듯이 들려준다

어서 돈 내 빨리 내라
늦게 내면 안 될까요

어렴풋한 클래식 음악이 이야기로 다가온다
눈을 닫고 귀를 열면
악기의 음색은 소리 그림을 그린다

작품 해설

수행자의 순정한 여정

변선우(문학박사, 시인)

수행자의 순정한 여정

변선우(문학박사, 시인)

　윤영숙의 첫 번째 시집, 『물의 꿈』에서 가장 눈에 띄는 이미지는 자연(물)이다. 식물, 동물, 물 등 원형 이미지를 빈번히 활용하는 그의 시는 마치 서정시의 규범을 충실하게 따르는 것처럼 생각된다. 그러나 곱씹어보면, 전통적 서정시와 궤를 달리 한다는 인상을 은은하고도 강렬하게 시사한다. 요컨대 그의 시가 자연물 등을 채택하여 시적 주체의 정서, 감각 등을 고취하는 모습은 전형적인 서정시의 모습으로 다가오지만, 자아와 세계의 동일화 등 서정시의 문법을 엄격하게 따른다기보다, 자연(물)과 인간의 관계를 역전시키거나 동등하게 연결하여 자연(물)이 자아내는 활력을 증언함으로 하여 성찰과 수행(修行)의 방향으로 시를 구사해내는 모습은 각별하고 인상적으로 느껴지는 것이다. 그는 자연(물)을 투박하지만, 담담하게 받아 적는(혹은, 옮겨 적는) 모습을 보여준다. 그래서인지, 그의 시는 화려하거나 장황하지 않다. 이는 윤영숙의 시를 톺아보는 데 있어 일정한 지표가 되리라 본다.
　동일성의 시학을 주창한 김준오에 따르면, 만연해진 대립과 갈등

탓에, 현대의 시에서는 자아와 세계의 동일성을 더 이상 찾아보기 힘들어졌다고 한다.[1] 즉 더 이상 조화롭고 평화로운 세계를 몽상하는 것이 녹록지 않아진 작금의 상황에서는 그 같은 어려움을 극복하고자 시도하는 순정하고도 불가능한 노력들이 긴요해졌다고 할 수 있다. 요컨대 자연보다 도시가, 자연보다 인공이 우리의 삶을 점령하게 된 상황에, 일부 시인들의 시에서 자연을 지속하여 호명하고 요청하는 바는 주목할 필요가 크다고 사료된다. 더군다나, '응당' 함께 공유되던 자연이 힘 있는 자들에게 귀속되고 점유되고 전용되는 모습을 보노라면, 특히 윤영숙의 시는 우리에게 하나의 가능성을 제시하는 측면이 있다. 이제 쓸모없어졌다고 여겨지는 시도를, 불가능하다고 말해지는 사업을 묵묵히 수행함으로 하여 우리가 잃었던 자연을, 끊어졌던 자연과의 관계를 회복해야 한다는 명제를 환기해내는 것이다.

나아가, 이는 시의 본령이라 말해지는 미메시스(은유)를 충실하게 이행하는 모습이라고도 할 것이다. 사물(자연)과 사물, 사물과 언어의 본질 사이에 작용하는 교응을 포착, 형상화해내는 작업이 윤영숙의 시를 추동하는 본질적인 힘이라고 할 수 있기 때문이다. 그러므로 윤영숙이 장황하지도, 화려하지도 않게 시를 쓴다고 언급했던 부분은 그의 순일하고도 성실한 믿음을 증거하는 바라고, 불가능성을

---

1) 김준오, 『시론』, 삼지원, 2002, 41쪽.

담보로 하는 수행자의 순정한 여정을 살피는 데 표지가 될 수 있다고 할 수 있다.

> 비안개 속에서 젖은 나무가
> 몸을 흔들며 제 안의 빛을 깨운다
>
> 숨은 듯 핀 꽃과 여린 잎이 속삭이며
> 제빛을 꺼내놓고 어울려 색칠한다
>
> 하늘구름이 산구름을 끌어당기며
> 엷게 드리운 물빛 커튼을 말아 올린다
>
> 봄비가
> 생명을 품고 간 자리마다
> 제 안의 생기가 부풀어 두근거린다
>
> 터져 나오는 새순의
> 기지개 소리가 선명해진다
>
> —「봄비」 전문

위의 시는 "봄비" 내린 풍경을 묘사한다. "젖은 나무"-"숨은 듯 핀 꽃과 여린 잎"-"하늘구름"과 "산구름"-"봄비가/ 생명을 품고 간 자리"-"새순"의 연결은 그 같은 풍경을 정갈하고도 내밀하게 형상화한다. 특히나 주목되는 부분은 "하늘구름이 산구름을 끌어당"긴다, "생기가 부풀어 두근거린다", "새순의 기지개"가 "터져 나"온다 같은 표현이다. 자연은 흔히 정적이거나 수동적인 것으로 치부되고는 한다. 동물이나 인간처럼 본격적으로 근육을 움직거려 역동성을 자아내지 않기 때문이다. 그러나 윤영숙의 시는 이처럼, 동물이나 인간 못지 않게 식물 등 자연 이미지에 잠재하여 있는 역동, 활기 등을 오롯이 포착해낸다. "봄비"가 추동해낸 그 같은 움직거림'들'은 자연이 품은 생명력과 회복력을 드러내는 데 탁월하게 기능한다. 이는 앞서 언급한 것처럼, 사물에 내재하여 있는 본질을 시의 언어로 하여금 받아 적은, 간파해낸 그의 시력을 보여주는 바라고 할 것이다. 특히 자연물이 그 자체로 움직거리기도 하지만, 자연물끼리 서로 끌어당기고 움직임을 견인해내는 바는 그의 시를 더욱 활기롭게 만들어 그 자체로 풍요로움을 느끼게 한다. "봄비" 내린 풍경을 통해 윤영숙의 시가 우리에게 일러주는 것은 인간과 자연의 결절된 관계를 회복하기 위하여, 자연을 성실하게 응시하고 본받아야 한다는 자명하나 망각되어 버린 사실이다.

  풀잎 사이로 점점이 푸른 별을 본다
  연푸른 꽃잎의 모세혈관이 보석처럼 빛난다

  기다리던 벌이 다녀가면
  봄까치꽃이 고개를 숙이고 가만히 빗장을 건다

  실한 열매를 맺고 싶은
  단아한 마음

봄날, 밭둑가에서
오래 접어두었던 소식이 왔다
― 「기쁜 소식」 전문

위의 시에서 또한, 성실한 응시가 드러난다. "풀잎 사이로 점점이 푸른 별을" 보고, "연푸른 꽃잎의 모세혈관"을 "보석"에 빗대는 모습은 감미롭게 다가온다. 특히나 중요하다고 여겨지는 것은 "풀잎" 혹은 "연푸른 꽃잎" 같은 소박한 사물에서 "별"이라는 우주적 존재와 "모세혈관"이라는 인간의 기관을 발견해내는 지점이다. 이는 윤영숙의 시적 감각과 감수성에 미루어볼 때, 시의 미감을 위하여 기술적으로 등장한 것이 아니라고 사료된다. 그것은 그의 시의 자연이 동떨어져 있는 존재가 아니라, 우주 혹은 인간과 계속적으로 연결되어 있는 상호적 존재라는 사실을 재차 시사하는 것이다. 그러므로 세 번째 연 "실한 열매를 맺고 싶은/ 단아한 마음"도 얼마간의 인식(론)적 충격을 선사한다. 더 좋은 것을 얻고 싶고, 입고 싶고, 먹고 싶은 것은 인간의 당연한 욕망이다. 가령 서정시의 문법이라고 일컬어지는 '자아와 세계의 동일화'를 통해 식물을 구현해내는 여타의 시인이었다면, 그 같은 인간적 욕망을 식물에게 '당연하다는 듯' 투사하고 말았을 것이다. 그러한 이유에서, 윤영숙이 식물에게 존재하는 "실한 열매를 맺고 싶은" 욕망을 "단아한 마음"이라고 언표하는 대목은 시선을 끄는 바이다. 이는 인간적 욕망과 배치되는, 즉 우리가 식물 등 자연

(물)으로부터 함양해야 할 자질을 역설해준다고 할 수 있다. 특히나 "마음"이라는 시어는 인간 등 특권적 존재에게만 존재한다고 여겨져 온 특이성이기도 하기에 의미가 크다. 식물에서 "단아한 마음"을 발견해내고, 그것을 언어를 통하여 시의 표층에 구사해내는 모습은 자연과 인간의 관계를 복원하거나 역전시키고, 자연으로 하여금 인간이 상실한 본질과 가치를 회복하고자 하는 순일한 시도를 나타낸다고 보인다. 즉 인간에게만, 고등의 존재에게만 잠재하여 있거나 존재한다고 착각해 온 가치 혹은 본질을 끊임없이 발견하고 기록하는 윤영숙의 시는 독자들의 마음이라는 토양에 하나의 가능성을, 믿음을 심어낸다.

금강 줄기를 따라 걷는다
물길 따라 자갈길 따라 번지는
물소리와 풀벌레 소리가 화음이 된다

대문바위 앞 물가의 돌밭
둥글어진 호박돌
단아한 돌탑은 그리움에 물든다

징검다리 사이로 빠른 물살 지나고
여울의 작은 돌다리가 물속에서 숨바꼭질한다
허벅지까지 차오르는
차가운 물살이 다리를 휘감는다

강강술래 하듯 줄지어 손잡고

> 곁눈질하는 게걸음으로 여울을 건넌다
>
> 자연과 함께 호흡하는 시간
> 도란거리며 따라오던 물결소리도 잠든다
>
> 손잡고 건너는 여울 트래킹
> 금강물의 숨결이 온몸으로 흐른다
>
> -「금강여울 트래킹」전문

 위의 시는 이전 시들과 다르게, 보다 본격적으로 자연의 풍경 속으로 들어가게 된 인간을 나타낸다. 트래킹은 자연을 가까에서 느끼며 걷거나 여행하는 것을 의미한다. 즉 트래킹을 하며 시의 주체는 "금강"과 "금강"을 둘러싸고 구성되는 자연의 풍경에 더욱 밀착할 수 있게 되며, 그가 구사하는 응시와 받아적기를 더욱 효과적으로 수행할 수 있게 된다. 주목되는 것은 자연의 광활함 혹은 숭고함을 '나'로 하여금 적나라하게 역설하고 토출하는 것이 아니라, 그 풍경을 잠잠히 묘사하고 있는 대목이다. 즉 위 시의 인간은 자연을 오롯이 받아적는 (혹은, 옮겨 적는) 역할을 담당하는 수행자로 후퇴하는 것이다. "금강"의 "여울"을 건너는 데 있어서도 저벅저벅 나아가는 것이 아니라, "곁눈질하는 게걸음으로" "건넌다"라고 묘사하여 흥미롭다. 그리고 그 같은 진술이 "자연과 함께 호흡하는 시간"으로 전이되고, "금강물의 숨결이 온몸으로 흐른다"로 감각이 이행하는 모습은 자연에 기꺼이 포섭되고 동참하고자 하는 시적 주체의 의지를 나타내 인상적이다. "강"을 가로지르는 행위만큼, 자연에 스며 들고 동참하는 적극적인 행위가 또 있을까. 위 시의 주체에게 중요한 것은 '나'가 직접 "금강"에 몸소 찾아갔다는 행위 자체가 아니라, "금강"으로 하여금 '나'의 원기 등이 회복하고 고취되었으며, 그곳에 마치 자연을 구성하는 자연물처럼 동참하였다는 사실이리라 본다. 자신의 경험을 현란하게 수사해내지 않고, 자연의 우월함을 무조건 상찬하는 것이 아니라, "트래킹"을 통해 경험한 자연(물)과의 내밀한 연결에 고무되었으나 이를 단정하게 정돈하여 기록하는 바는 여타의 남성적, 이성적 서정시와 결을 달리 하게 한다. 이는 윤영숙 시 특유의 겸양과 매개되는 것이다.

> 푸른 산이 누워 있는 강
> 생각에 잠겨있는 사람
> 여울을 등진 채 홀로 플라이 낚시를 즐긴다
> 햇살에 반짝이는 숱한 생각들
> 올곧은 마음 하나 낚으러 긴 낚싯줄 던진다
> ―「비단강가에서」 부분

위의 시는 「비단강가에서」의 마지막 부분인데, "낚시"하는 한 사람이 등장한다. 그러나 그는 물고기를 낚으려는 것이 아닌 듯하다. "생각에 잠겨있"고 "올곧은 마음 하나 낚으러 긴 낚싯줄"을 던지기 때문이다. 이 또한 인상적인 대목인 것이다. "낚시"를 사유 혹은 사람을 낚아내고 구조하는 행위와 연결하여 지은 시나 격언 등은 많았다지만, 윤영숙의 시편들 속에 이 같은 시가 놓여 있는 것은 그의 시 세계를 이해하는 데 유의미한, 특유의 갈피로써 작용할 수 있다고 보인다. "강" 등 자연(물)의 생기를 익히 간파하고 있는 그의 시에서, "낚시"는 오히려 "강"의 풍경에 기대어 한 인간이 자신을 회복하고 깨달음을 얻어내고자 하는 게 아닐까 하는, 분석을 가능하게 한다. 이는 윤영숙 시에 일관되게 표상되는 시적 주체, 즉 '나'의 형상이 투영되어 있는 모습이기도 한 것이다. 묵묵히, 그러나 열렬히 (존재하는) 자연(의 본질)을 발견해내고, 포착해내고, 형상화해내는 것은 "생각에 잠겨있는 사람"이 이윽고 "올곧은 마음"을 낚기 위하여 힘차게 "낚시줄 던지"기를 반복하여 깨달음을 수확하고자 수고하는 모습과 연결될 것이기 때문이다. 즉 그의 시는 인간이 자연의 한 풍경을 구성하거나, 자연은 전경화되고 인간이 후경화 혹은 배경화하는 모습 등을 통해 자연을 향한 회복의 믿음을, 감수성을 표나게 실현한다. 특히 다양한 인물들이 등장하지만, 이들은 자연(물)으로부터 깨달음을 얻고, 인간성(인간에 잠재하는 혹은 인간이 희구해야 할 본질 등, 세속성이 아닌) 혹은 인간의 잃었던 가치를 회복하게 되므로 시사적이다.

윤영숙의 시에는 가족도 자주 등장한다. 시들어가는 어머니를 "한 잎 한 잎 떨어져 내리던 목련꽃잎"(「물방울」)으로, 돌아가신 어머니를 "매화"(「매화」)로 대치하는 모습은 인간의 본질, 가령 삶과 죽음 등을 자연의 섭리, 본질과 매개하여 은유하는 절묘함을 보여준다. 언급하였듯 이것은 윤영숙 시의 기도(企圖), 그가 불가능할지라도 실현하고자 하는 자연에의 일정한 믿음에서 기원하는 것이다.

> 퀸제노비아 여객선이 뱃고동을 울린다
> 이마에 구름띠를 두른 한라산
> 흐린 눈빛으로 바다를 내다본다
>
> 항구를 빠져나가는 배
> 중심을 잡으며 바닷물의 맥을 짚는다
> 지구라는 심장이
> 맥박 소리로 낮게 울리고
> 엄마 뱃속에서 듣던 진동이
> 몸을 아늑하게 한다
>
> 다르게 흐르던 두 지류가 만나
> 따로 또 같이 하나의 강을 따라
> 바다로 흐른 지 서른 다섯 해
>
> 오월 푸른 바람 속에서
> 신혼은 그리운 그림으로 남고
> 시든 욕망을 품어주던 담백한 여정
>
> 기우는 해 따라
> 두 얼굴에 비친 연민이
> 바다를 가만히 바라본다
>
> - 「부부」 전문

위의 시는 제목에서 유추할 수 있듯, 여행을 통해 자연의 풍광을 응시하며 부부의 의미를 반추해내는 시이다. 시의 주체는 남편과 함께, 제주에서 여객선을 탑승한 것이다. 물을 호쾌하게 가로지르는 "퀸제노비아 여객선"에서, "다르게 흐르던 두 지류가 만나/ 따로 또 같이 하나의 강"을 이루는 부부의 모습을 발견해내는 모습은 독특하며 감동을 선사한다. 그러므로 위 시는 부부의 의미를 깨달아내고 있다는 사실과 함께, "여객선"을 타고 신선한 감각에 사로잡히는 모습이 중요하다고 보인다. "여객선"이라는 매체 없이는 그 같은 깨달음을 수확할 수 없었을 것이 자명하다. 시의 주체는 "지구라는 심장이/ 맥박 소리로 낮게 울리고/ 엄마 뱃속에서 듣던 진동이/ 몸을 아늑하게 한다"라고 언표하는 등 "여객선" 탑승에 관한 감상을 감각적으로 형상화한다. 특히 "지구"라든가, "엄마 뱃속" 등의 표현으로 말미암아 등장하는 이채로운 묘사들은 "여객선"을 탑승한 경험이 그의 감각 체계를 낯설도록 활성화 시켰고, 이윽고 낯선 감각을 발산하도록 하였다는 사실을 시사한다.

 나아가 이는 "부부"의 의미를 새로이 모색하도록 하였을 뿐만 아니라, "시든 욕망을 품어주던 담백한 여정"이라는 표현으로 연장되므로 주목된다. 앞서 살핀 「기쁜 소식」에서 "단아한 마음"이 인간적, 세속적 욕망의 반대 항에 놓이는 자연의 본질을 환기한다고 하였던 부분을 복기해볼 필요가 크다. 윤영숙 시의 주체에게 있어 인간의, 세속적 욕망이야말로 "시든 욕망", 즉 생기가 상실되어 있는 "욕망"이라고 할 수 있는 것이다. "여객선" 승선을 비롯하여 "시든 욕망"조차 "품어주"는 제주의 여행은 의미가 크다고 하겠다. 그런데 그 같은 여행이 "담백한 여정"이라고 술회되고 있으므로 의미심장한 것이다. 오히려 고무되고, 고취되고, 기쁨과 활기에 매혹되어 버리는 모습이 아니라 "담백한 여정"이라고 언표됨으로 하여, 윤영숙의 시는 다시금 낯섦을 선사한다. 그의 시에서 자연(물)을 통해 회복하고 깨달음을 얻는 것은 자연스러운 행위이기에 유난스러울 필요가 없는 것이기도 하다. 즉 엄청난 경험이 아니라, '자연'스러운 경험이라는 것. 그것은 이다지도 놀랄 필요도, 현란하게 상찬할 필요도 없는, 인간이라면 불가능할지라도 기꺼이 소망하고 당도해야 할 본질이자 가치인 것이다. 그의 수행이 더욱 빛나는 이유는 이 때문이다. '나'가 깨닫고자 노력한다고 웅변하는 것이 아니라, 자연(물)과 교감하고 교응함으로 하여 담담히 자신의 행로와 수확해낸 가치를 언표하는 것. 그것은 시인으로서도 그러하지만, 한 명의 개인으로서 윤영숙의 단정하고 고운 내면을 드러낸다.

    천체투영관에서 시낭송을 한다
    다음이 내 차례
    시의 이마가 사라졌다
    가슴에서 뜀박질하는 불안
    긴 호흡을 단전까지 내려본다

    가까스로 떠오른 제목을 낭송한다

안개는 걷힌 걸까
끝났는데 뭔가 이상하다
아뿔싸

'고요한 저녁'이 '조용한 저녁'이 되었다
무대공포증에서 벗어나지 못하는 나
불안을 잠재우는 날
언제이려나

- 「아뿔싸」 전문

 위의 시는 일상의 실수를 술회한 시이다. 시의 주체는 "시낭송"을 하였는데, 시를 잘못 낭송한 것이다. 그런데 주목할 것은 "천체투영관"이라는 공간의 장엄함을, "무대공포증"이 있음에도 "무대"라는 공간의 공포심을 적극적으로 술회하고 있지 않다는 대목이다. 앞선 분석에서 밝히었듯, 그의 시는 중언부언이 없다. 즉 언표가 과다하게, 필요 이상으로 나열되지 않는다. 오히려 "천체투영관"을 "천체투영관"이라고, "무대"를 "무대"라고 언표해낸 이후, 스스로의 경험과 감각을 단출하게 고백하여 "실수"와 "공포"를 더욱 여실하게 느끼도록 한다. 이는 쉬운 듯하지만, 까다로운 작업이다. 본인의 실수를 토로하고자 한다면, 얼마든지 길고 장황하게 표현할 수 있다. 오히려 장황하게 쓰는 것이 현장감을, 그의 실수를 더욱 생동감 있게 느끼도록 할 수도 있다. 그러나 필요 이상의 시어를 삼가고, 당시의 상황을 담담하게 언표하는 윤영숙의 시는 절제의 미덕을 보여준다. 그로 하여금 독자는 그의 실수 혹은 그가 느꼈을 현장에서의 감정을 상상해보며 깊이 있게 공감해볼 여지를 획득하게 된다. 그런데 그 절제는, 그가 여러 편의 시에 걸쳐 수행해낸 수행, 기도 등과 무관한 것이 아니라고 보인다. 요컨대 그의 시 쓰기의 여정이 지난하거나 고독할지라도, 그것은 그에게 주어진, 스스로가 부과한 소명(召命)과도 같은 것이라고 여겨지기 때문이다. 해설의 서두에서, '미메시스'를 언급했던 대목을 복기해보고자 한다. 미메시스가 시의 본령이고, 사물(자연)과 사물, 사물과 언어의 본질이 교응하고 이어져 있음을 나타내는 언표라면, 윤영숙의 시는 미메시스의 적극적, 순정한 실천으로 하여금 시적 소명을 다해가는 여정을 지시한다고 할 수 있다. 그러므로 그가 이토록 순일한 소명을 이어가는 데 있어 과다한 언표를 부려놓는 것은 필요하지도, 적절하지도 않은 것이다. 오히려 자신이 소명(疏明)하고자 하는 바를 최대한으로 정돈하여 시화하는 것이 온당할 것이다.

> 온천탕에 몸을 담근다
> 햇살에 산란하는 수증기의 몸짓
> 춤추는 발레리나처럼 가볍다
>
> 힘있게 피어오르다가
> 돌연 멈추면서 함께 어우러진다
>
> 얽매이지 않고

공기의 흐름에 몸을 맡긴 채
춤을 추는 수증기

가볍게 날고 싶다
피로가 증발하여 천정에 오른다
물방울이 떨어져 물 표면을 뚫는다
소란스러운 물빛, 공기 방울이 품어 오르면
물 낯빛이 편안해진다

물에 몸을 담그면
떠오르는 작은 물방울들
일상이 기화되고 있다

- 「수증기」 전문

 위의 시는 "수증기"에 천착하고 있다. "수증기의 몸짓"을 "춤추는 발레리나처럼 가볍다"라고 표현한 대목은 자연물과 인간을 비유로 하여금 연결하고 있음을 나타낸다. 위의 시는 '나'의 언술로 구성되고 '나'가 희미하게 드러나지만, "수증기"를 전경화하여 성실하게 묘사하고 있는 부분이 눈에 띄는 것이다. 따라서 "수증기"가 도도하게 부양하고 있는 모습에서 나아가, 역동적으로 움직거리는 모습을 묘사하는 부분을 살필 필요가 크다 하겠다. 요컨대 "힘있게 피어오르다가/ 돌연 멈추면서 함께 어우러진다"라고 묘사하는 부분, "얽매이지 않고" "춤을" 춘다고 묘사하는 부분 등이 주목된다. 이 같은 "수증기"의 움직임은 시적 주체에게 시적 순간을 선사한 듯싶다. 이렇듯

시를 창작하도록 추동하였을 뿐만 아니라, 시 안에서 '나'의 "피로"가 이윽고 분해하고 "수증기"로 용해되어 버리기 때문이다. "가볍게 날고 싶다"라고 표현하자, '나'의 "피로"는 실제로 "증발"한다. 그리고 그것은 "수증기"와 어우러지며 "천정"으로 부양하고, 그것은 이내 "물방울이" 되어 추락하고, "물 표면을 뚫"게 된다. 앞선 시들에서 자연물의 "마음"을 활용하여 자연의 본질과 인간의 본질을 꼬집어 형상화하던 내력을 곱씹어보면, "피로"를 증발시켜 "수증기"와 결합해내는 것은 그의 시의 일관성과 독특한 감각을 아울러 환기하는 것이다. 눈에 보이지 않는 것을 포착하여 형상화하는 것. 그것이 윤영숙 시의 힘을 지시한다고 할 수 있다.

다시 말해, 위 시에서도 드러나듯 "수증기" 등 자연(물)을 받아 적으며 그들의 역동을 승인하고 고백하는 모습은 종요롭다. 시의 마지막 연, '나'의 "일상"조차 "작은 물방울들"로 "기화되고 있"는 장면은 이제 거부할 수 없는, 거역할 수 없는 인간-자연의 관계를 설정해낸다. 여기에는 위계라든가, 위력 같은 것은 존재하지 않고, 자연(물)과 인간이 구성해내는 수평적이면서 혼재하는, 역동적이면서 단정한 풍경만이 존재한다. 1연에서 "수증기의 몸짓"을 "발레리나"로 치환했던 것은 일종의 단서였을 수 있다. 전형적인 자연(물)을 통해서만 아니라, 일상의 공간에서 마주해낸 자연(물)과 '나'의 관계를 연결하고, 뒤섞고, 연장하는 모습은 그의 시가 전통적 서정시의 규범을 성실하게 따르고 있지 않음을, 그의 시가 단조로이 자연의 생명력을 칭송하는 것이 아니라 자연과 인간의 회복을 진정성을 다하여 역설하고 있음을 표시하는 바다. 사소한 사물일지라도 그것을 응시하고 재현해 냄으로 하여 본질에 가닿고자, 회복을 모색하고자 시도하는 윤영숙의 시는 감동을 선사한다.

>우듬지에서
>바람의 눈빛을 응시한다
>
>먼저 물길을 느낀 뿌리가
>모세혈관까지 혈맥을 끌어올린다
>
>태양 빛 가득한
>잎마다 푸른 사랑이 자란다
>
>쓸쓸한 바람에도
>노을을 담아내는 표정은 부드럽다
>
>찬바람을 맨몸으로 받아들이고
>혹독한 추위를 견디며 수행한다
>
>중력을 거스르는 메타세쿼이아
>오래된 유전자에 흐르는
>생의 질서가 꿋꿋하다
>
>―「수행자의 사계」 전문

위의 시에는 "수행자"라는 표현이 직접적으로 드러난다. 그의 시적 기획 및 비전을 확인하기에 가장 적절한 시라고 사료된다. 위 시는 "우듬지에서 바람의 눈빛을 응시"하는 존재가 등장한다. 인간인지, 사물인지 정확하지 않지만, 그 존재는 "수행자"가 되어 "사계"를 오롯하게 "응시"하고 그것을 언표한다. 2연은 봄을, 3연은 여름을, 4연은 가을을, 5연은 겨울을 묘사하고 있다. 이 같은 묘사가 가능한 것은 "수행자"로서 "우듬지"에 앉아 "바람의 눈빛을 응시"하는 덕분인 것이다. 그런데 그 우듬지는 "메타세쿼이아"의 "우듬지"이며, 특히나 "중력을 거스르는 메타세쿼이아"라고 묘사되어 주목을 요청한다. "메타세쿼이아"는 35m 정도 자라고, 최대 50m까지도 큰다고 한다. 그리고 평균 수명이 100년 이상이나 되고, 수백 년 사는 나무도 있다고 한다. 자연을 다스리던(정확히는, 다스린다고 믿던) 인간의 지혜로 헤아릴 수 없는 존재가 "메타세쿼이아"이지 않을까 싶다. 그러므로 "수행자의"의 시선으로 하여금 "사계"를 묘사해내는 데 "메타세쿼이아"를 선택한 것은 탁월하다고 보인다. 그의 크기, 수명 등은 단순히 1년을 주기로 순환하는 봄-여름-가을-계절의 순환성을 넘어, 아울러 인간의 수명 정도로 헤아릴 수 있는 수준도 넘어, 고고하고 우람한 몸통으로 수백 년까지도 살아내는 "메타세쿼이아"로 하여금 자연의 본질, 자연의 활기를 집약적으로 언표하기에 적절한 것이다. 윤영숙이 수십편의 시에 걸쳐 수행을 모색하였듯, "메타세쿼이아"의 내력을 통해 계절의 순환, 자연의 본질을 함축해내는 바는 그의 시력을 증거한다. 마치 주름을 펼쳤다 접었다 하듯, 그의 시는 자연의 본질을 여러 시편에 걸쳐 표현하기도, 이렇듯 한 편의 시에서 함축하여 재현하기도 하는 것이다. 특히 "메타세쿼이아"에 "흐르는" "오래된 유전자"를 언표하는 대목은 생기롭고 시선을 끈다. "유전자"며 "생의 질서"는 눈에 보이지 않는 것이지만, "수행자"의 시선, "응시"를 통해서는 감지할 수 있고, 포착할 수 있다. 그러한 가능성과 믿음이 윤영숙의 시를 이루는 요체이다.

분석하였듯 받아 적고, 응시하는 윤영숙 시의 주체의 태도는 각별하다. 인간에게 주어진 다양한 감각, 가령 시각, 촉각, 미각, 후각, 청각 등의 감각 중에서 '시각'을 활용하여 인간과 자연의 관계를 회복하고, 잃었던 자연의 가치, 본질을 되찾고자 시도하는 것은 신선하다. 물론 그의 시가 다른 감각을 포기하고 있는 것은 아니다. 즉 그의 시에 다양한 감각이 활동적으로 전개되고 있다는 사실을 긍정하며, 빈번하게 표상되는 감각이 시각, 시선, 응시라는 사실에 주목해야 할 것이다. 미루어보건대, 그의 시가 나타내는 지향, 즉 자연에의 회복에 대한 가능성과 그 비전 위에서 수행하는 기도, 수행 등의 태도는 시각과 더욱 친연할 것이라고 판단된다. 요컨대 사물을, 인간을, 현상을, 세계를, 자연을, 관계를 꿰뚫어내고, 통찰하고, 연결하고자 시도하는 바는 시각과 필연적으로 연결될 수 밖에 없는, 즉 불가피성을 띠는 측면 또한 있을 것이기 때문이다. 그러므로 그의 시집 표제작 「물의 꿈」의 마지막 구절 "시간의 눈동자에 바다가 보인다"를 짚어볼 필요가 크다고 하겠다. 그는 인간-주체로서 응시를 수행하기도 하지만, 다른 존재로 전이하여 응시의 역량을 활달하게 펼쳐내는 것이다. 가령 「물의 꿈」에 등장하는 "시간의 눈동자"는 "뜬봉샘"의 "물줄기"가 "대청댐"에 당도하고, "대청댐"의 물이 "깨어"나 "바다"에 가닿는 모습을 선명하게 현상하고 고백하는 주체이자 증인으로서 기능한다. 앞서 살핀 "우듬지에서/ 바람의 눈빛을 응시"하는 바 또한, 인간의 눈이 아니라, 마치 "메타세쿼이아"의 생명력이 육화하여 응시를 수행하는 듯하여 신비감을 자아낸다. 즉 그의 시의 절묘함은 인간 등 완고한 개념을 비로소 포기하는 지점에서 발생하기도 한다. 인간이라는, 즉 존재의 첨단에 놓인다고 여겨져 온 사실상 연장(延長: extention)일 뿐인 신체-인간으로부터 탈각한 채 응시를 반복하고, 시각을 토대로 다양한 감각을 동원하여 자연의 본질을 받아 적는 (혹은, 옮겨 적는) 모습은 존재-인간 혹은 신체-인간을 포기하지 않으려고 안간힘 쓰는 여타의 시(인)들과 다르게 감각적이고 깊이 있는 시 세계를 주조해낸다. 이 같은 시적 노력은 결국 자연의 생기와 활력 등을 회복하고자, 인간과 자연의 상실되고 단절된 관계를 복원하고자 시도하는 작업으로 계속적으로 환원하는 것이다.

이처럼 자연에 주목하는 윤영숙의 시적 도정을 요약하자면, 언어의 마법성을 추구하고 회복하려는 시도로 정리해볼 수 있으리라 생각된다. 이제 언어는 "인간의 사고·감정과 감각적 대상이 조화적으로 통일되어 있던 '원초적 통일성'이 추상과 구상, 특수와 보편, 사상과 감정, 주관과 객관이라는 여러 가지 대립되는 짝으로 분열되"[2]어 버렸다. 전위시, 해체시 등 언어의 의존하지 않으려는, 언어의 재현 능력을 의심하는 언어 의식은 그 같은 작금의 흐름과 무관하지 않다고 하겠다.[3] 이를 회복할 가능성은 신화적 세계 혹은 시의 세계 등에서 획득할 수가 있는 것이다. 이 대목에서, 발터 벤야민의 사유를 참조해볼 수 있다고 본다. 그는 "언어가 비감각적 유사성, 즉 미메시스 능력의 최고 사용단계를 보여준다"[4]고 말한다. 여기에서 "'비감각적 유사성'"이란 "지각 작용으로 확인되는 유사성이 아니라 일종의 마법적 상응 관계를 뜻한다."[5] 즉 사물에 내재하는 언어적 본질을 발견하고 언표하는 직관력이나 마법성은 언어가 품고 있는 가장 첨단의 역량인 미메시스와 관련되는 것이다. 그런데 이 같은 언어의 역량은 인간의 타락 이후, 즉 태초의 인간 아담이 에덴동산에서 추방된 이래로 상실되었고 훼손되었다. 그래서 벤야민은 수단으로써의 언어가 아닌 본질을 나타내고 지시하는 언어의 감각을 회복해야 한다고 역설하는 것이다. 위의 시각들을 전유한다면, 윤영숙의 시에서 자연의 본질을 드러내고자 끊임없이 응시하고, 그를 시의 언어로 구사해내는 작업은 언어의 마법성을, 언어의 미메시스적 능력을 순정하게

---

2) 위의 책, 60쪽.
3) 위의 책, 57쪽.
4) 오형엽, 「발터 벤야민의 언어철학: 미메시스를 중심으로」, 『문학과 수사학』, 소명출판, 2011, 195쪽.
5) 위의 글, 193쪽.

갈구하고 발현하고자 수행하는 모습을 지시한다고 할 수 있다. 그의 시가 과잉된 언표, 사변적 언술을 절제하던 것은 이렇듯 자연에 이미 내재하는 언어의 본질을 드러내며 복원하게 하고, 자연과 언어와 인간의 교응을 온전히 회복시키는 작업을 함의해낸다고 본다.

　세속의 가치를 추종하는 이들에게는 의미 없고 가치 없는 일이겠으나, 이토록 치열하고도 순정한 수행을 묵묵히 이행하는 윤영숙의 시는 많은 독자에게 기쁨과 활력을 줄 것이라고 기대한다. 회복과 치유의 과정을 감각적이고 성실하게 드러내는 그의 시는 상실에 익숙해져 버린, 회복의 필요조차 망각해 버린 우리에게 시사하는 바가 크다고 할 것이다. 중요한 것은 '시사'이다. 그는 결코 가르치려고 하지 않는 것이다. 자연이 그러하듯.

　윤영숙 시인의 시를 다른 독자들보다 먼저 읽게 된 것은 커다란 행운이었음을 고백한다. 시인께 첫 시집의 출간을 가장 크게 축하드리며, 부족한 해설을 마치고자 한다. 망각과 상실의 시대에, 은폐와 세속의 시대에 그의 시가 부단히 공명하며 생기를 발산하여 우리 독자의 몸과 마음을 북돋아 주고 회복해 주기를 바라본다.

글로우문 시선 003
물의 꿈

2024년 11월 20일 초판 1쇄 발행

지은이 | 윤영숙
펴낸이 | 권용관
펴낸곳 | 글로우문
주　소 | 대전광역시 중구 유천로 102번길 53 101호
전　화 | 042-482-7470
팩　스 | 042-524-7470

출판등록 | 제365-2024-000004호
전자우편 | glowmoon0217@gmail.com
ⓒ 윤영숙, 2024
ISBN 979-11-987828-7-8

˚ 파본은 구입처에서 교환해 드립니다.
˚ 이 책 내용의 전부 또는 일부를 재사용하려면 저자와 글로우문 양측 동의를 받아야 합니다.
˚ 이 책은 한국예술인복지재단 에서 발간비를 지원 받았습니다.